はじめに

——早速ですが、『「血液型と性格」の基礎理論』の執筆の動機から伺います。(編集部—以下省略)

　拙書『ダーウィンの進化論から解読する血液型人生学新書』を出版したのですが、難しいという読者がいらっしゃったので基本的な理論にまとめて、また対談形式がわかりやすいのでないかと思いました。

——確かに、今までの「血液型と性格」の書籍と違って進化論や動物行動学、哲学や社会学などが出てきますので、とっつきにくいですね。

　細かいことは拙書に譲って、ここでは4つの基本法則と、11個の付帯則にまとめました。わかりにくい箇所について指摘いただければより詳しく説明しますのでよろしくお願いします。

　最初に、①ここ100年間の観察による「血液型と性格」の研究を概観し、次に、②「血液型と性格」もまた生物の形態と同じようにダーウィンの進化論に従って淘汰・選択され、また両者の関係は共進化であり、さらに③チンパンジーやゴリラなどの類人猿の血液型と性格が一致するため、科学的にも正しいと考えます。

——独立した3つの研究①、②、③の一致によって確かになったんですね。

　そうです。血液型と性格が進化の過程で形成されたとわかったことで特徴がより深くより広くなって、パートナー選び、日常生活や職場などでの人間関係に役立つ血液型人生学になったのです。さらに哲学者・思想家は「血液型と性格」の表現者だとわかり、哲学が2600年間に築いてきた幸福、理性、自由、国家などの研究成果が血液型と性格に結び付き、血液型社会学

になることにも触れます。
——今までと違う新しい人間観・社会観になりますね。
「血液型と性格」で思想までわかるか。地質技術者でしかないわたしが荒唐無稽なことをいっていると思われそうなので、わたしの経験を踏まえて述べます。

　執筆にあたってインターネットのフリー素材の写真を利用しました。また出版のためにご尽力いただいた鳥影社の百瀬精一社長、ならびに小野英一編集部長に心からお礼申し上げます。

「血液型と性格」の基礎理論

目 次

はじめに　　*1*

I　100年間の「血液型と性格」の研究 …………………… 7

日本の今までの「血液型と性格」の研究成果　　*9*
歴史上の人物の血液型　　*10*

II　ダーウィンの進化論による「血液型と性格」 …………… 13

基本法則1：性格も血液型もまたダーウィンの進化論による
自然選択や生存競争のなかで生き残って発展し、血液
型と性格の関係は広い意味での共進化である　　*14*

付帯則1-1　A型は卵子+子育て+農耕系の性格　　*18*
付帯則1-2　O型は精子+繁殖+狩猟系の性格　　*18*
付帯則1-3　B型は精子+繁殖+騎馬系の性格　　*19*
付帯則1-4　AB型は卵子・精子+繁殖・子育て+地侍系の性格　　*19*

相性の問題と性格の長所と短所　　*20*

付帯則1-5　血液型と性格の進化の過程がわかることで、
特徴の幅が広がり数も増えて、血液型人生学になる　　*21*

III　類人猿やサルたちの「血液型と性格」 ………………… 23

ニホンザル、ボノボ、チンパンジー　　*26*

基本法則2：人間とチンパンジーやゴリラなどの「血液型と
性格」が一致する　　*28*

付帯則2-1　性格は、遺伝と育った環境によって形成されるが、
ストレス下では遺伝による発現が大きい　　*29*
付帯則2-2　ヒトとサルにABO式血液型が生き残り現存するの
は、A型が多産と逃走、O型が自由恋愛（精子間競争）、
B型がハーレムであり、AB型は最も離れた遺伝子の
融合からくる適応力の大きさによる　　*29*

IV　血液型と性格は間違いなく科学である ………………… 31

基本法則3：独立した3つの研究、「従来の観察」「ダーウィン
の進化論」、さらに「サルたちの結果」が、一致するこ
とから、「血液型と性格」は科学であり正しい　　*32*

V 哲学者・思想家と「血液型と性格」 ……………………… 33

基本法則4：哲学者・思想家は「血液型と性格」の表現者である　34

A型農耕系の哲学者・思想家　　34
O型狩猟系の哲学者・思想家　　37
B型騎馬系の哲学者・思想家　　38
AB型地侍系の哲学者・思想家　39

付帯則4-1　哲学者・思想家は、血液型と性格が正しいとする四つ目の証拠になる　41
付帯則4-2　哲学者・思想家など知識人は誰もごく狭い範囲の専門家でしかなく、人間どころか自分自身さえわかっていなかった　41
付帯則4-3　ほとんどの人は、ヒトの脳（理性脳）ではなく、サルの脳（感性脳）で判断し行動していた　42
付帯則4-4　哲学の歴史、2600年の思考の蓄積があるため、人間観・自然観・道徳・歴史・政治・宗教にまで適応が広がり、血液型社会学になる　42

VI 哲学者・思想家などの知識人がわからないことが、何故わたしにわかったのか ……………………… 45

VII AI（人工知能）に、「血液型と性格」をふくめて広い知識を学習させたならば ……………………… 49

VIII 血液型社会学からの7つの質問 ……………………… 53

1　カール・マルクスはB型であり、……　54
2　民主主義、資本主義は、O型の欧米の人たちが……　55
3　アフガニスタン、イラク、シリアの内戦など……　56
4　金正恩の核開発は正しい。北朝鮮は……　56
5　B型の韓国は民主主義より、北朝鮮の……　57
6　A型が基礎をつくり、O型が発展させ、B型によって……　59
7　サルたちとヒトの社会の比較は血液型によって……　60

おわりに　63
主な参考書籍　66

表紙のイラスト：ナンバーさん（AC のイラストより）

I

100年間の「血液型と性格」の研究

「血液型と性格」は20世紀のはじめにドイツでABO式の血液型が発見されると表1にしめすように25年間で、医学者、心理学者、数理生物学者たちによって研究の基礎ができあがり、また、ダーウィンの進化論（弱肉強食の社会ダーウィニズム）をからめた「血液型人類学」の提唱などによる静かな血液型ブームがおきています。

——日本ではどうですか。

日本はドイツの留学から戻った医師 原 来復（はら きまた）によって1916年に紹介された後、教育学者 古川竹二、法医学者 浅田 一（はじめ）、古畑種基を中心に40年間研究ならびに議論をされています。戦後になるとジャーナリストの能見正比古、能見俊賢やその後継者たちによる研究が続けられて100年になります。

——日本と欧米との違いがありますか。

日本はA型、O型、B型、AB型が4割、3割、2割、1割と比較的均等な割合のため、能見俊賢氏は「血液型と性格」は日本の文化（韓国と台湾は戦前の日本の影響）だといっています。しかし、欧米の人たちはほとんどがO型とA型で、B型とAB型が1割以下のため4つの血液型で比較研究するのが難しいんです。

——ロンドンは8割がO型だといいますものね。

でも、欧米にはユダヤやロマ（ジプシー）の人たちなどを含む多民族からなるため、個人より、民族の違いについての研究が主流になり、血液型人類学がうまれ、また、日本は一般的な書籍での発表ですが、欧米では一流の科学雑誌『Nature』や『Science』などに載ることが多いようですよ。

——日本は単一民族ですから、血液型と民族性についての研究は無理ですね。

I 100年間の「血液型と性格」の研究

日本の今までの「血液型と性格」の研究成果

　従来の「血液型と性格」はアンケートなどによって内観と外観との一致を統計と確率から検討して確かさがあることから科学だとしてきました。

表1 「血液型と性格」に貢献した人々

外国の研究者	日本の研究者
K. ラントシュナイター：1900年にヒトの血液型の発見	原 来復：1916年にドイツの「血液型と性格」を紹介。
E. フォン. デュンゲルン：1909年に血液型はメンデルの法則に従い、法医学、人類学、人種の違いに応用でき、「血液型人類学」を提唱	古川竹二：1927年「血液型による気質の研究」1932年『血液型と気質』を発表
A. アレキサンダー：1921年「血液型と病気」を発表	浅田 一と古畑種基：古川竹二の考えを支持。多くの研究を残し、普及に貢献
F. ベルンスタイン：1924年、AB型からO型は生まれないと数学（数理生物学）から指摘	能見正比古：タレントや政治家の血液型を調べて発表。「血液型人間学」を提唱。戦後の血液型ブームの火付け役になる。
G. J. ベルスタイン、L. フェルドマン、エルマノビッチ：1925年に優生学思想から「血液型と精神病」を論ずる	能見俊賢：正比古の息子で、多くの書籍を発表。『You Are Your Blood Type』（共著）をアメリカで出版

　また、血液型と個人の性格だけでなく、外国の資料と比較しながら民族や国民性、グループ内での行動や病気や自殺など、広い範囲での研究がなされてきました。この分野の先駆者古川竹二の個人の性格についての観察結果をまとめてみますと表2のようになります。
——後に続く研究者も同じようですよね。
　ほぼ同じです。データが増えた分、精度があがったように思えます。

—9—

表2 古川竹二による血液型と個人の性格の特徴

血液型	顕著な精神的特徴
O型	利己的、自発的、理性的、意志が強い、妥協しない、強情、敏感でない、精力的
B型	陽気な、活動的、出しゃばり、根気がない、社交的、神経質、注意が分散的、せわしい
A型	他人につくす、控え目、多感、温厚な、内気な、従順な、謙虚な、誠実な、優柔不断な、気の小さい、敏感な
AB型	外面的にはB型に類似 内面的にはA型に類似

——確かに、表2は今と特徴が同じで90年前の記載だと思えないですが、**血液型によって性格が決まるはずがないと反対する人たちがいました**よね。

　単純で明快な血液型と、複雑で曖昧な性格が関連しているはずがないと反対する人たちの気持ちはわかります。やはり、血液型と性格がどうして関係があるのか、原因についての説明ができなかったからだと思います。
——**原因を明らかにしたのが、ダーウィンの進化論による「血液型と性格」**なんですね。
　そうです。

歴史上の人物の血液型

　ちなみに、血液型と性格がわかってくると、多くの人が、周りの知人は勿論ですが、有名人やタレント、歴史上の人物の血液型を推測するようになります。読者のなかに、記載された血液型が著者の推測なのか、検査結果なのか知りたいという人たちがいましたので、表3に挙げてみました。

Ⅰ 100年間の「血液型と性格」の研究

表3 歴史上の人物の血液型

人　名	血液型	資　料	備　考
イエス・キリスト	AB	トリノの聖骸布	民族宗教を世界宗教へ
奥羽藤原氏			
初代 清衡 (きよひら)	AB	ミイラ	初代・清衡は、父・経清を討った清原武則の息子に勝利して、平泉の歴史を作る
二代 基衡	A	〃	
三代 秀衡	AB	〃	
四代 忠衡 or 泰衡	B	〃	
上杉謙信	AB	起請文の血判	正義と戦上手な武将
豊臣秀吉	O	血判状より	人たらし女たらし
伊達政宗	B	遺体	天下をねらう伊達男

――推測は間違ったりしますものね。

　古川竹二は、豊臣秀吉をAB型、西郷隆盛をA型としていますが、当時は推測の基礎になるデータが少なかったんです。

――今であれば、**豊臣秀吉がO型、西郷隆盛がB型**になるんですね。

　歴史上の人物になるかわかりませんが、東郷平八郎のAB型、近衛文麿のO型は正しいと思いますし、蒋介石はAB型だという本を読んだことがあるものの、自伝などを読むなどしてもう少し調べてみる必要があります。

――推測と検査結果が一致するとほっとするでしょうね。

　今、AB型だといわれるジョン・F・ケネディ元大統領は軍隊ではO型でしたので、検査結果がすべて正しいともいえないのです。ただ、奥羽藤原氏4代のミイラを測定した古畑種基氏は、幾度も繰り返し測定したから間違いないと書いていました。また、脳が大学に保管されているアインシュタインのAB型、夏目漱石A型、オバマ元大統領AB型、クリントン元大統領夫妻AB型、トランプ大統領のA型は、「血液型と性格」からみても正しいと思います。

――トランプ大統領は攻撃的なので、A型にはみえないですね。

　O型によるグローバル化で、職を失くした自国の労働者を

みて怒っているんですよ。A型は小心者だから寄らば大樹の陰で、強いアメリカを望むんです。

II

ダーウィンの進化論による「血液型と性格」

すでに「はじめに」で述べましたが、ここ100年間の研究は内観、外観などの観察からのデータを統計処理して科学的に正しいとしたものの、どうして血液型と性格に関係があるのかはっきりしませんでした。ここでは性格も血液型も生物が発生してから環境に適応するように進化したとして、以下のように考えます。

> 基本法則1：性格も血液型もまたダーウィンの進化論による自然選択や生存競争のなかで生き残って発展し、血液型と性格の関係は広い意味での共進化である。

——進化論にはいろいろありますよね。どうしてダーウィンの進化論ですか。

「ラ・マルクの進化論」「機械論的進化論」などありますが、ダーウィンの進化論が最も一般的で、一言でいえば、環境に適応した生物のみが生き残り、繁栄することなんです。

——自然選択、適者生存、生存競争、弱肉強食ですね。

一般的には、自然選択とパートナー（性）選択、変異（突然変異）が考えられています。人間は体毛があったほうが、雨にあったときや虫さされなどによいのに、何故肌が剝き出しなのか。二足歩行をし、体毛のないパートナーをファッションから選び合うようになったからと考えます。

——違う考えもあるんでしょ。

勿論です。ヒトは一時、海辺や沼地の水のなかに住んでいたからだという人がいます。ただ、ダーウィンの進化論には予測性があり、チャールズ・ダーウィンの盟友で進化論の推進者であったトマス・ヘンリー・ハックスリーは、始祖鳥の化石を見て恐竜が進化したものだといったのですが、当時の古生物学者は信じませんでした。しかし、中国やロシアから新しく羽毛恐

Ⅱ　ダーウィンの進化論による「血液型と性格」

竜などの化石が次々と見つかり、誰も疑わなくなっています。
――ハックスリーはダーウィンの進化論から、化石を見ただけで鳥は恐竜から進化したと予測できたというんですね。

　そうです。ちなみに血液型と性格の共進化についてですが、有名な例として、距（蜜腺までの長さ）が30センチもあるランの花がみつかり、「30センチの口吻（くちばし）をもつ蛾がいるはずだ」とダーウィンが言いました。しかし、体長の10倍以上の長い口吻をもつ蛾などいるはずがないといって昆虫学者は信じませんでした。40年後、口吻をゼンマイ状に丸めたスズメガがみつかり、距と口吻を少しずつ伸ばし合いながら共進化したことが証明されたのです。

　そこまで明快ではないですが、農耕地帯にA型の人が多いのは、A型の性格が農耕するのに適応していたからであり、A型と農耕の性格が共進化したと考えられるのです。
――同じように狩猟地帯にO型が多いのも、遊牧騎馬地帯にB型が多いのも、血液型と性格が共進化したからだというのですね。

　その通りで、もしそれぞれに人的な交流がなければ、パートナー選択によるでしょうが、農村地帯にはA型だけ、狩猟地帯にはO型だけ、騎馬地帯にはB型だけになると思います。後で述べますが、ヒトよりはるかに古い歴史をもつパタスザルはA型だけですし、ゲラダヒヒはO型だけ、ゴリラはB型だけになっています。
――元は多様な血液型があったものの、環境に適応しない血液型は消えてしまったということですね。

　性格と血液型の共進化は、農耕、狩猟、遊牧などの生産活動での適応関係だけでなく、約5億年前の古生代から続いてきたと思います。
――細菌やダイコンなど、野菜や植物などにも血液型物質があるといいますものね。

血液型の進化は古生代から続いていると思いますが、体系だった研究がないので性格の進化の方から考えていきます。性格は生物の発生直後からうまれ、大きく進化する３つの出来事、①有性生殖、②天敵の多い草原で、未成熟の幼児を守る子育ての性格の形成、そして前述した、③生産活動への適応があると思います。

①有性生殖
　性格が多様になる最初のきっかけは有性生殖による卵子と精子の発生だと思います。
――遺伝子の交換から性細胞である卵子と精子ができ、性格がより多様化したんですね。
　図１のように卵子は栄養を蓄えて待ち、精子は頭に遺伝子だけをもって無数で探しまわるという役割分担がうまれ、この二極化はより遠く離れた遺伝子の交換が優れた子孫を残すという、有性生物がもつインセストタブー（近親相姦禁忌）の究極の結果だといえます。

図１　卵子に向かって競争する精子（イメージ）

卵子は栄養を蓄えて待ち、精子は遺伝子だけを頭に持って無数で競争しながら探す。これが遠くて違う遺伝子が融合するための最も合理的な役割分担

――今でも人々は性格の違う遠い遺伝子のパートナーを選ぶようですし、外国人と結婚したハーフ（half blood）の子供は優れていますものね。

②子育て係の発生

ヒトの性格が次に大きく変化したのは、原人が天敵の多い草原で暮らして二足歩行になり、未熟な子供を産んだことから、ライオンやハイエナのように子育て係と、パートナー選びに専念する繁殖係の分担がうまれたことだと考えます。

――図2、3はライオンのように人も女性だけでなく、子育てをする性格の男性がいるとうことですね。

現代人にも女性を追っかけるより、子育てに向いた男性がいますよね。

――草食男子ですか。

図2　メスライオンと子供　　図3　オスライオンと子供

③生産活動の発生

性格の進化の三つ目の大きな出来事は、狩猟民であった原人から、農耕民、狩猟民、遊牧騎馬民がうまれたことだと思います。そして血液型と性格の関係は、前述したようにダーウィンの進化論によってそれぞれA型は農耕、O型は狩猟、B型は騎馬の性格に結びつきます。それぞれの進化の様子は次の通りです。

A型農耕系：

| 付帯則1-1 | A型は、卵子＋子育て＋農耕系の性格。 |

表4　A型の性格：卵子・子育て・農耕系への進化

A型	卵子の性格	草原での子育て係	A型農耕系の性格
草食男子・女子	①定住 ②栄養を蓄える ③定期的に移動 ④待つ（忍耐） ⑤不安（臆病）	①定住 ②果樹根菜類の採集 ③定期的な食事 ④子供を守る不安 （警戒心）	①定住 ②穀物を蓄える ③太陽暦に合わせて行動 　（時間を守る） ④作物の成長を待つ ⑤穀物を奪われないか不安

O型狩猟系：

| 付帯則1-2 | O型は、精子＋繁殖＋狩猟系の性格。 |

表5　O型の性格：精子・繁殖・狩猟系への進化

O型	精子の性格	草原での繁殖係	O型狩猟系の性格
肉食男子・女子	①積極的に動き回る ②身軽で動きやすい ③競争心が強い ④楽天的	①よいパートナーを探し歩く ②家族よりパートナーが大切 ③誰にも負けたくない ④またチャンスがくると思う	①獲物を求めて動き回る ②自由競争を原則にしてチームが助け合う ③拘束を嫌う

図4　農耕民

図5　狩猟民

（みやま市歴史資料館）

Ⅱ ダーウィンの進化論による「血液型と性格」

B 型騎馬系：

付帯則1-3	B 型は、精子＋繁殖＋騎馬系の性格。

表6　B 型の性格：精子・繁殖・騎馬系への進化

B型	精子の性格	草原での繁殖係	B 型狩猟系の性格
肉食男子・女子	①積極的に動き回る ②身軽で動きやすい ③競争心が強い ④楽天的	①パートナーを囲い込む（ハーレム） ②家族は大切 ③誰にも負けたくない ④またチャンスがくると思う	①移動しながらの生活 ②力の論理、力による征服 ③最高指導者が目標

AB 型地侍系：A 型農耕系と B 型騎馬系の融合

付帯則1-4	AB 型は、卵子・精子＋繁殖・子育て＋地侍系の性格。

表7　AB 型：卵子・精子、繁殖・子育て・地侍への進化

AB型	卵子、どちらかといえば精子の性格が強い	草原での繁殖と子育て	AB 型地侍系の性格
肉食男子・女子	①動き回る ②身軽で動きやすい ③競争心が強い ④待つ ⑤楽天的	①子育てをし、パートナーも探す ②家族のほうが大切 ③勝つことにこだわらない ④またチャンスがくると思う	①定住的 ②攻守を備えた戦上手 ③弱者を守る ④正義感の人 ⑤楽天的 ⑥合理的で都会的

図6　モンゴルの騎馬民

図7　日頃農業をしながら、必要とあらば武器をとって戦う地侍たち

――AB型は卵子と精子、繁殖と子育て、農民とサムライ、両方の性格のため複雑ですね。

最も離れた真逆の性格、A型とB型の融合ですから最も優れていると思います。勿論、農耕にはA型、狩猟にはO型、遊牧騎馬にはB型のほうが適しています。能見俊賢さんが、AB型は今の都会の生活に適していると書いています。
――都会人ですか。

都会は、仕事、移動、買い物など合理的にできていますから、合理的なAB型の性格に合っていると思います。古川竹二氏が示した表2（10頁）のように「外面的にはB型に類似し内面的にはA型に類似」という言い方が最も相応しいのかもしれません。

相性の問題と性格の長所と短所

わたしたちは同じ血液型同士であれば分かり合えるのですが、違う場合は性格の違いから葛藤が生じます。優秀な子供を持ちたいという無意識の願いから違う遺伝子のパートナーを選んでしまい、相性の悪さに苦しみ、特にO型とAB型と結婚した人に相性を聞くと、悪いという答えがいつも返ってきます。

また、「血液型と性格」からA型の長所はB型にとって欠点になります。高校のとき、漢文の教師から、「助長」は田植えをしてすぐの苗を早く成長させようと、伸ばして枯らしたバカから生まれた言葉だと教わりました。苗を植えたのはA型農耕系の人で、延ばして助けたのは、待つことが苦手なB型の人だったのです。漢文の教師はA型農耕系でしたので、A型と真逆のB型がバカに見えたのです。
――今のグローバル企業では早い決断が必要ですからB型が適していますよね。

Ⅱ ダーウィンの進化論による「血液型と性格」

自分の長所は別の血液型からみると、表8のように短所になります。

表8　ABO式の性格の長所と短所

	A型 農耕系	O型 狩猟系	B型 騎馬系	AB型 地侍系
性格 〇…長所 ×…短所	〇勤勉 ×過労死、飛躍したアイデアがでない 〇時間を守る ×融通性がない 〇大人しくて目線を下げて寄り添う ×戦う遺伝子がなくて臆病、ストレスを溜める	〇自由競争 ×弱者を思いやるものの差別を容認 〇社交的 ×社交的でないA型、B型を屈服 〇戦上手、打たれ強い ×理解できないA型やB型を批判・攻撃する	〇力の支配 ×負けたときに屈折 〇プライドが高い ×批判に弱く、ルサンチマン(恨み)をもつ 〇上昇志向 ×上下関係の容認 〇早い決断 ×待てない	〇弱い者を守るという正義感 ×O型、B型に攻撃される 〇合理性からくる君子豹変 ×理解されないことがある 〇攻守を駆使する戦上手 ×弱者を守るためO型、B型に恨まれる

付帯則1-5	血液型と性格の進化の過程がわかることで、特徴の幅が広がり数も増えて、血液型人生学になる。

血液型人生学とは血液型から自分の長所が短所になることを知って、職業やパートナー選択などに役立てられるということなんです。

――苗を助けて伸ばした人は自分がB型騎馬系の性格だと前もってわかっていれば「助長」しなかったでしょうし、企業でも自己主張が苦手の人は血液型をみながら事務職や工場などに配置変えをしてもらえばいいですものね。

III

類人猿やサルたちの「血液型と性格」

サルにもヒトと同じようにABO式の血液型がありますが、ご存知でしたか。

——聞いたことがあります。

最初は動物の血液型からはじまって、ヒトにもあるんだということになり、ウサギやサルとの比較研究もされたようです。ただ、サルの血液型についての体系だった研究がみつからないので、『サル学なんでも小辞典』(京都大学霊長類研究所、1992)から引用すると、表9のようになります。

表9　類人猿やサルたちの血液型と特徴

類人猿とサル	血液型 (○:あり／×:なし)				性格	備考
	A	B	O	AB		
チンパンジー	○	×	○	×	複雄複雌 攻撃的 子殺し行動	ヒトやチンパンジーやゴリラにはRh型があり、テナガザルにはRh型は全くない。 チンパンジーにはヒトにはないRCEF型、VAB型、Ch型があるなど、サル固有の血液型が多数ある。
ゴリラ		○ (すべて)			単雄複雌 オス同士の死闘	
オランウータン	○	○	×	○	単独行動。 雌雄の体格差が大きい	
テナガザル	○		×	○	単雄単雌 雌雄はほぼ同じ体格	
ゲラダヒヒ			○ (すべて)		母系的単雄複雌 自由恋愛	
パタスザル	○ (すべて)				毎年出産と逃走	
カニクイザル	○	○	○	○		

特徴としては、類人猿やサルもまたヒトと同じABO式の血液型をもっていること、また、ゴリラはB型(図8)、ゲラダヒヒはO型(図9)、パタスザルA型(図10)だけだということです。

III　類人猿やサルたちの「血液型と性格」

図8
ゴリラ：B型のみ

図9
ゲラダヒヒ：O型のみ

図10
パタスザル：A型のみ

——ゴリラやゲラダヒヒははじめからB型やO型だけだというわけではないですよね。

　すでに話しましたが、最初はA型、B型、O型、AB型がいたけれども、ゴリラの生活がB型の性格に適していたからですよ。ヒトの場合でも、B型の多いインドやモンゴルで閉鎖社会が700万年も続けばB型だけになりますよ。

——日本も江戸時代のような社会が、大陸や欧米と交流がないまま100万年も続けばA型だけの社会になるということですね。

　エチオピアの高原に住むゲラダヒヒはすべてO型ですが、森林地帯から新天地を求めて移動し、移動に適した性格のO型狩猟系だけになったと考えられます。一方、2、3万年前の氷河期の、海面が百メートルも低下した頃、ユーラシアからベーリング海峡をわたってアメリカ大陸に移った人たちが中央アメリカ、南米へと移動している間にO型狩猟系だけになったと思います。

——インディアンやインディオの人たちはほとんどがO型ですものね。ところで、パタスザルはどうしてA型だけですか。

　A型だけのパタスザルは天敵の多い草原を犬のような速さで

走っています。A型農耕系のもつ臆病から逃走に磨きをかけたのと、毎年出産という多産によると思います。

——自由恋愛のO型、オス同士が戦うB型、楽天的なAB型は逃げないため天敵の餌食になったというのですね。

18世紀の中頃のフランスには戸籍があり、農村には子供が多かったそうです。病気や飢餓で亡くなる以上の子供を産んだということであり、A型農耕系の一夫一婦制は多産に適していたと思います。

——日本の、「貧乏人の子沢山」という言葉は、江戸時代の農村にA型が多かったためかもしれないですね。

ニホンザル、ボノボ、チンパンジー

わたしたち日本人に馴染じみ深い図11のニホンザルと、日本人に性格が似ている図12のボノボ（ピグミー・チンパンジー）と、図13の欧米的なチンパンジーについて考えてみます。

図11　ニホンザル　　図12　ボノボ　　　　図13　チンパンジー

『ニホンザルの生態』を読んだとき、とても権威的家族と上下のない民主的な家族がいるという記載があり、ニホンザルの血液型がわからなかったのですが、能見俊賢さんの書籍に、ニホンザルはほとんどがB型でわずかにO型がいる、と書かれて

いたので、正しければ権威的なのはB型で、民主的なのはO型だろうと思います。

　ボノボの血液型はわかりませんが、チンパンジーと同属同種ですので、O型とA型からなり、性格からみてチンパンジーより少しA型の方が多いのではないかと思います。

　チンパンジーは攻撃的で、子殺し行動（オスがメスの発情を促すために遺伝子の違う子供を殺害）をする父系社会で、また少数グループのオスを個別に襲って嚙み殺し、メスを奪い取るんです。

　一方、ボノボは少し小柄で大人しく、母系的な乱交社会のため、オスたちはすべて自分の子供だと思ってしまい、子殺し行動をしないんです。セックスを和解のためのコミケーションに使うんですよ。

――ボノボが腹の上に子供を乗せてセックスをしている写真を見たことがあります。驚きました。

　チンパンジーにとって子供はセックスの邪魔ですし、欧米人は別室に寝かせますが、日本人は子供を挟んで川の字になって眠りますよね。ボノボと日本人は似ていると思いませんか。

――日本人が進化するとボノボのような乱交社会になるんですか。

　メス同士の嫉妬やオス同士の喧嘩がなくなりますよね。

――ボノボの社会は理想的じゃないですか。

　ヒトにとって一番の幸福は何か、と考えたとき、好きな人と愛し合っているときだ、と思い、ペニスに関節つきの人工骨を埋め込み、運動神経を結びつけて指や腕のように自由に動かせるようにし、腕立て伏せのようにしてペニスを鍛えて立派にすれば、最高の幸せが何時間でも続けられ、また、いつでもどこでもできるから男性だけでなく、女性からもストレスがなくなり、誰もが幸せになり、平和な社会になると思って実行しようする男の小説を書いたことがあります。

――手や拳のように自由に動かせたら素晴らしいんじゃないですか。やってみる価値がありますよ。

　でも、ダーウィンの進化論からすると、間違っていることに気づいたんです。ボノボは数百万年前に、コンゴ川に隔てられてチンパンジーから進化したのですが、再びコンゴ川が干上がって交流が始まれば、チンパンジーは男同士の死闘で勝ち残った連中ですから、アイツ等はなんて破廉恥だ、とボノボのオスたちは嚙み殺され、メスは愛人にされて地球上から消えてしまうでしょう。

――10万年前にアフリカからアラビア半島に渡ったホモサピエンス（現代人）がヨーロッパに住んでいたネアンデルタール人を滅ぼしたと同じことになるのですね。

　江戸時代の銭湯での混浴という習慣が、欧米的な倫理観から廃止になり、太平洋戦争もまた、チンパンジー的な欧米と、「和をもって尊し」とするボノボ的な日本との戦いであったと思います。

――そして日本が滅ぼされた。チンパンジーのオス同士の殺し合いもまたダーウィンの進化論からすると意味があるんですね。

　今までのことをまとめましょう。

> **基本法則2**：人間とチンパンジーやゴリラなどの「血液型と性格」が一致する。

　また、人間とサルたちとは、顔かたち、性格も全く違うようにみえますが、持ってうまれた深層の性格はほとんど同じであることから、次のことがいえます。

Ⅲ　類人猿やサルたちの「血液型と性格」

| 付帯則2-1 | 性格は、遺伝と育った環境によって形成されるが、ストレス下では遺伝による発現が大きい。 |

　人間とサルは1000〜700万年前に分かれたと考えられますが、人間にはサルにない血液型、サルには人間にない血液型をもっているものの、ABO式の血液型は共通なのです。そこに生き残る戦略（適性）が潜んでいたと考えられます。

| 付帯則2-2 | ヒトとサルにABO式血液型が生き残り現存するのは、
・A型が多産と逃走、
・O型が自由恋愛（精子間競争）、
・B型がハーレムであり、
・AB型は最も離れた遺伝子の融合からくる適応力の大きさによる。 |

——表10（30頁）がABO式血液型の生存戦略になるということですね。
　すべてA型だけになったパタスザルはA型農耕系の性格であり、O型ゲラダヒヒやO型狩猟系の人たちは他の血液型にない精子間競争という優れた選別があり、B型は強大な力によってハーレムを作って優れた子孫を残し、男性だけでなく、女性もハーレムに入って権力者になった則天武后、西太后、江青夫人があげられ、AB型は真逆の性格の融合から来る適応度の高さによるということになります。
——卵子と精子の役割分担はできるだけ遠くて離れた遺伝子の融合がすぐれていたから今でも保持され、それがAB型の特徴なんですね。
　もう少し具体化しますと、表10のようになります。

表10 ABO式血液型の生存戦略

	何故、ABO式血液型が生き残ったか	証拠としてあげると
A型 農耕系	多産と逃避による危険への回避	*パタスザルはA型の特徴、多産と逃走によってA型だけになった。 *18世紀の中頃フランスの戸籍では農村の出産率がとても高かった。
O型 狩猟系	選ばれた者同士による一つ多い選別、精子間競争	*すべてO型のゲラダヒヒ。母系的単雄複雌。自由恋愛。 *オリンピックのマラソン優勝者高橋尚子、野口みずきはO型であり、マラソンは輸卵管内での精子間競争である。
B型 騎馬系	戦いに勝った者の優れた遺伝子による独占	*すべてB型のゴリラ、単雄複雌、ハーレムの形成。 *B型のアラブの王族はハーレムを作る。 *B型の中国の則天武后、西太后はハーレムから、江青女史は毛沢東夫人から権力を掌握。
AB型 地侍系	離れたA型とB型の遺伝子の融合による許容の広さ	*精子と卵子の役割分担からうまれた理想の結合。 *許容の広さからくる合理性とバランス感覚のよさ。 *A型とB型という真逆の性格による出会いの少なさによる限界。

IV

血液型と性格は間違いなく科学である

わたしが学生のとき、地球の年齢が46億年、宇宙の年齢が100億年から150億年だといわれていました。地球の年齢は、①化石、また②地球最古の岩石、さらに、③隕石の年齢が一致したことから間違いないだろうな、と皆で話し合っていました。
　いつしか宇宙の年齢は137億年になり、今は138億年になりましたが、地球の年齢は今でも46億年のままで、将来も変わらないと思います。
——化石、最古の岩石、隕石の一致による地球の年齢のように、独立した3つの証拠が一致すれば間違いない、と考えてよいということですね。

> **基本法則3**：独立した3つの研究、「従来の観察」「ダーウィンの進化論」、さらに「サルたちの結果」が一致することから、「血液型と性格」は科学であり正しい。

　そうです。血液型にあてはめてみましょう。
　独立した3つの研究結果が一致すれば、正しいから4つ目、5つ目の一致する証拠が出てきますが、わかりますか。
——**遺伝子や分子進化論**などですか。
　遺伝子や分子進化論などは近い将来「血液型と性格」の証拠になることは間違いないです。ここでは哲学者・思想家の考え方が「血液型と性格」と一致してとても重要な役割を果たす、ということなんです。

V

哲学者・思想家と「血液型と性格」

――哲学者・思想家の考え方が血液型と性格と関連するというのは斬新ですね。

まず、基本法則4から説明します。

> **基本法則4**：哲学者・思想家は「血液型と性格」の表現者である。

A型農耕系の哲学者・思想家（表11参照）

日本人に最も親しまれているA型の代表的な哲学者イマヌエル・カント（1724～1804）について、前述したA型は卵子＋子育て＋農耕民の性格の観点から、まず、卵子の性格として、カントは外国旅行をしていないですし、卵子が定期的に排卵するように、決まった時間に散歩していたことです。

図14　散歩するカント

（ハイリッヒ・ヴォルフ画『カント入門』石川文康、筑摩書房、1995）

――カントの散歩は有名ですが、それと定期的な排卵と一緒にするんですか。

想像力ですよ。オリッピックのマラソンでゴールをめざすO型の高橋尚子・野口みずき選手が、わたしには狩猟民が槍

を持って獲物を追う、さらには輸卵管のなかを競争しながら進む精子に見えるんです。皆は想像力が欠如していますよ。

表 11　進化論からみた A 型の哲学者・思想家たち

		代表的哲学者	哲学者思想家たち
A型	農耕民	イマヌエル・カント：子育てのための道徳：農民のための平和論 ①定住（旅行しない） ②書物に知識を蓄える ③定期的に散歩 ④結婚相手が現れるが、成就できない ⑤侵略的な国際社会に反発と不安、キルケゴールは上の四つを満たし、特に不安は大きく実存思想の祖になる	マルチン・ルター、カント、新カント派、実存主義者、キルケゴール、ハイデガー、ヒトラー、古川竹二、能見俊賢、ワシントン初代大統領、トランプ大統領

——はい、わかりました。

　カントの子育ての性格として、ルソーの子供の教育についての本『エミール』を読んで感動し、今まで大衆を無知だとして軽蔑していたが、人間として尊敬するようになったといっています。

——**有名な話ですね。『エミール』で、カントの生まれ持った子育て遺伝子が活性化したんですね。**

　また、カントは「定言命法」（絶対に守らねばならない規則）に「嘘をついてはならない」があります。一方哲学者フリードリヒ・ヘーゲル（1770〜1804）は、「殺人者から逃げてきた人をかくまい、追っかけてきた殺人者に問われたとき、ここにいますと正直に話しますか。知りませんと嘘をいってもよいではないか」といって批判しています。カントは子供のための道徳で、ヘーゲルはキツネとタヌキの化かし合いといわれる大人の恋愛のための道徳なのです。

——子供に嘘をついてもよいときがあると教えたら、空恐ろし

大人になるでしょうね。

　カントに国際関係についての『平和論』がありますが、平和と安定のもとでの労働を望む農耕民の考えであり、O型の競争や恋愛、B型の戦う遺伝子などは全くないのです。実存主義の祖キルケゴールは、恋愛するための遺伝子がないA型のため稚拙な恋しかできなくて、カントと同じように生涯独身のままでした。

　ノーベル賞の朝永振一郎博士はA型で知られていますが、お父さんは新カント派の哲学者でしたからA型だったと思います。

　アメリカ初代大統領ジョージ・ワシントンは、独立戦争で負けてばかりいたからA型だと思います。子供の頃お父さんの大切なサクラの鉢をこわして僕がやったと正直に話すと褒められたという逸話がありますから、お父さんはA型だと思います。もしO型であれば正直を褒めなかったでしょうし、僕はやってないよ、といえば嘘だとわかっていても身を守るための嘘だとして許したと思います。また、ジョージ・ワシントンが騎兵隊長のとき、インディアンを皆殺しにしろ、と命令したことは有名です。南部の大地主でしたから、インディアンとのいざこざがあり、落としどころをみつけるために譲歩すると、弱いとみてどこまでも攻撃してくる人たちに腹が立っていたにちがいないのです。

　マルチン・ルターも農民戦争のとき農民に味方したのですが、破壊行動がはじまると弾圧する側にまわっています。ヒトラーも第一次大戦で儲けた金をイギリスに貸したB型ユダヤ人に腹をたて、トランプ大統領もまたB型のアラブ、インド、中国の人たちが嫌いです。A型農民系は共存を考えるのですが、B型騎馬系の人たちは支配者を打倒して革命を起そうとします。A型にはそれがやりすぎに思えるんです。

――真逆の性格からくる衝突でしょうね。

V 哲学者・思想家と「血液型と性格」

　わたしはトランプさんと同じA型ですから、アラブやインド系の人たちに「アメリカで学ぶのはいいですよ。でも、勉強が終わったら帰国し、本国の発展のためにつくしなさいよ。アメリカに住み着き、アメリカ人の職を奪わないでくださいよ」と思う気持ちがよくわかります。
——O型のアメリカの国民や資本家は結果がよければすべてよしですから、利益さえあげてくれれば、アメリカの労働者が職を失っても気にならないということなんですかね。

O型狩猟系の哲学者・思想家（表12参照）

　O型狩猟系の代表的な哲学者は前述のフリードリヒ・ヘーゲルであり、精子＋繁殖（自由恋愛）＋狩猟民の性格から考えたとき、動き回る精子の性格としてヘーゲルは外国旅行をし、家庭教師、また大学の教官としても移動しています。結婚について、当時家柄による結婚がかなりあったようですが、双方の愛によるべきだと主張しています。また、カントの「嘘をついてはいけない」という子供のための道徳にたいして、「嘘をついてもよいときがある」という大人の繁殖（自由恋愛）のための道徳を提示しています。当時の資本主義のもとでの労働者の悲惨さを認めつつも資本主義を是認し、O型欧米の海外進出による植民地化にも肯定的でした。

図15　ヘーゲル

――カントは子育ての道徳とA型農耕系の思想、ヘーゲルは大人の恋愛のための道徳とO型狩猟系の欧米の攻撃的な考え方の代表者なんですね。

その通りです。生まれ持った哲学、「血液型と性格」が違うんです。今の民主主義、議会制度、資本主義などはO型の欧米の人たちが作り出したものであり、功利主義者、社会契約説を提唱したベーコン、ルソー、ロック、ホッブズはO型とみてよいと思います。

――民主主義、資本主義はO型の人たちに適した制度であって、A型やB型の人たちには適さないんですね。

B型騎馬系の哲学者・思想家（表12参照）

B型は精子＋繁殖（ハーレム）＋騎馬民の性格です。代表的哲学者・思想家は、カール・マルクス、フリードリヒ・ニーチェ、精神分析のジグムント・フロイトであり、三人をグレート・ジャーマン・トリオ、あるいは非哲学者という人がいます。マルクスは唯物史観という革命思想のため追われてドイツ、ベルギー、そしてイギリスに移り住むことになります。ニーチェもドイツ、スイス、イタリアと移り住み、フロイトもドイツ、オーストリア、イギリスと移動しています。

図16 マルクス

図17 ニーチェ

図18 フロイト

Ⅴ　哲学者・思想家と「血液型と性格」

――B型もまた精子のように動き回る性格だというのですね。

遊牧騎馬民ですから、O型狩猟民より動きが大きくて広いと思います。

結婚については、マルクス、フロイト共に素晴らしいパートナーをみつけています。ニーチェは、恋をするものの生涯独身でした。4歳で父を亡くしてから14歳まで女性6人に囲まれて育ち、俗悪な本能を探すならわたしの母と妹である、と書くぐらいですから、育った環境の影響が大きいと思います。

3人ともB型騎馬系の性格の特徴、おしゃれで、美食家でした。また、マルクスはB型の経済学、フロイトはB型の精神分析についての記載ですが、ニーチェのアフォリズム（箴言）はB型の人の性格の表現ですので、とても参考になります。

――例えば、どんなことですか。

A型農耕民が生きていくために最も大切な「勤勉」について、「勤勉は逃避であり、自分を忘れようとする意志にすぎない」。

O型欧米の人たちが大切にする自由ついて「自由に関心などない」。

O型が求める希望（フロンテア精神）について「希望は人間の苦痛を引き延ばす」などです。

――B型は、A型とO型と全くというほど違うんですね。B型のニーチェが、O型とA型の欧米で受け入れられずに苦悩した理由がわかります。

最後は発狂してしまいましたからかわいそうですね。

AB型地侍系の哲学者・思想家（表12参照）

AB型地侍系の性格、卵子・精子＋子育て・繁殖＋地侍（屯田兵）系の代表的な思想家は、マルクスを支え、『資本論』を

まとめ上げたフリードリヒ・エンゲルス（1820〜1895）だと思います。ただ、マルクスより著作が多いものの、AB型だと思われる行動は、バランス感覚がよく、将軍といわれ、遺灰をドーバー海峡に撒いたことぐらいでしょうか。

もう一人、有名な代表的哲学者としてバートランド・ラッセル卿（1972〜1970）があげられます。ラッセルの『幸福論』はAB型の人の指針だといえますし、自説であっても不合理と思えばすぐ変えるという君子豹変ぶりはAB型だといえます。また、大学でヘーゲル哲学を講義し、「ヘーゲルの学説のほとんどが誤りだ」という結論に達しています。まさに、AB型とO型が理解し合えないという相性の悪さです。

表12　進化からみたO型、B型、AB型の哲学者・思想家

		代表的哲学者	哲学者思想家たち
O型	狩猟民	フリードリヒ・ヘーゲル：大人の自由恋愛のための道徳、行動指針：O型欧米人の考え方のすべて：近代哲学の三本柱、人間至上主義（ヒューマニズム）、合理主義、進歩史観の代表者	ヘーゲル、ルソー、功利主義者、ホッブズ、ロックなど社会契約説、浅田一
B型	騎馬民	フリードリヒ・ニーチェ：B型の人たち、B型の国、アラブ、中国などの考え方のすべて：O型欧米の道徳、政治システムへの猛反発	マルクス、ニーチェ、フロイト、ヒューム、マッハ、生の哲学ショーペンハウアー、ニーチェ、ベルクソン、能見正比古
AB型	地侍	バートランド・ラッセル：AB型の「幸福論」、平和への積極的な行動、自説でも平気で変える合理性	カエサル、イエス・キリスト、エンゲルス、アインシュタイン、ラッセル、リンカーン元大統領、ジョン・F・ケネディ元大統領、ビル・クリントン元大統領、オバマ元大統領、古畑種基、

AB型の人にはカリスマ性があり、その代表がイエス・キリストです。アメリカ大統領リンカーンは2回目の就任演説でキ

Ⅴ 哲学者・思想家と「血液型と性格」

リストの言葉を3ヵ所で引用し、ジョン・F・ケネディはリンカーンを、ビル・クリントンはケネディを、オバマ大統領はリンカーンの言葉を引用して演説をしています。

——AB型同士だから響き合えるんですね。

AB型同士は一番仲がいいですからね。オバマ大統領のように、AB型はバランス感覚がよいからO型だけでなくA型にとっても大切な指導者になる人だと思います。

——哲学者・思想家が「血液型と性格」の表現者だとわかりましたが、やはり驚きですね。

哲学が生まれて2600年間、お互いに批判し合ってきたことが、「血液型と性格」から説明できる意義はとても大きいと思います。

付帯則4-1	哲学者・思想家は、血液型と性格が正しいとする4つ目の証拠になる。

——独立した3つの研究結果、ここ100年間の観察による研究とダーウィンの進化論による結果と類人猿やサルたちの「血液型と性格」の一致に続いて、哲学者たちの思想もまた一致したことで、独立した四つ目の証拠になるということですね。

また、このことは次のこともいえます。

付帯則4-2	哲学者・思想家など知識人は誰もごく狭い範囲の専門家でしかなく、人間どころか自分自身さえわかっていなかった。

哲学者ハイデガーはドイツの哲学の先輩であるニーチェを大学で講義し、自分がA型農耕系であり、ニーチェは自分の真逆のB型騎馬系だとわからないから、まだわれわれはニーチェを理解できる段階に来ていない、と結論付けています。

——さっき話されたように、バートランド・ラッセルもヘー

ゲルを大学で講義し、自分がAB型でヘーゲルが相性の悪いO型だとわからないから、ヘーゲルの哲学のほとんどすべてが誤りだ、といったことと同じなんですね。

　歴史上の知の巨人といわれる人たちが何故、2600年も自分自身がわからなかったのでしょうか。

付帯則4-3	ほとんどの人は、ヒトの脳（理性脳）ではなく、サルの脳（感性脳）で判断し行動していた。

——どういうことですか。

　日常的にはお互いに気を遣い合うから和(なご)やかですが、会社でのセクハラ、パワハラなどのストレス下では、サルと同じ行動をとるということです。わたしも小学校のときの子供関係はニホンザルと同じでしたし、会社でも、小学生のときと同じ気遣いをしながらいらいらしていました。
——怒るなど感情的になったときは理性を失くしますものね。
　集中して考えたときも周りが見えなくなりますが、これが哲学者たちの思考であり、生まれ持った遺伝子「血液型と性格」の表現なんです。
——一般の人の雑文は理性脳を使うのに対し、哲学者は集中するため感性脳が働くから「血液型と性格」の表現者になれるんですね。
　おっしゃる通りです。今まで哲学者・思想家が研究した業績を整理し見直しましょう。

付帯則4-4	哲学の歴史、2600年の思考の蓄積があるため、人間観・自然観・道徳・歴史・政治・宗教にまで適応が広がり、血液型社会学になる。

　いいかえると「血液型と性格」が個人の性格、民族性、国民性」だけでなく社会の現象や事件も説明できるといえるのです。

V 哲学者・思想家と「血液型と性格」

また、表13にまとめたように、どのように対処したがよいかについての答えもわかってくるのです。

表13 政治・経済などに役立つ血液型社会学

	血液型社会学
政治・経済	20世紀のグローバル化はO型欧米の資本主義の市場をめぐっての戦いと植民地支配、21世紀はB型の中国、インド、アラブが加わっての激動。そのストレスの中で、A型、O型、B型、AB型は何に気をつけて、どのように生活すべきか
A型 江戸時代的な安定体制	A型は子育て農耕系のため攻撃を受けて傷つきやすいので、屈折し、一人になろうとするがかえってよくない。 A型は子育て遺伝子で家族を育て、それも大家族にすべきだ（寄らば大樹の陰）。また同じA型のグループに入るべきだ（他の血液型からの攻撃を避けられる）。
O型 民主主義自由資本主義	O型は自由競争を得意とし、社交的であり、また打たれ強いため、今の社会に最も適しているが、A型、B型、AB型の考え方を理解しようとせずに、攻撃する。今の中東の紛争はO型欧米が起こしている。 趣味のスポーツで攻撃性を弱めて欲しい。
B型 強力な中央集権国家	B型は上昇志向を伸ばし、リーダーになって欲しい。 また、誇り高いため、O型に攻撃されると、混乱し、ルサンチマン（恨み）をもち、弱い方に怒りを向けがちなので、O型を理解し、攻撃されないようにして欲しい。 ヨガ、太極拳、また芸術では、特に音楽で心を安定化させて欲しい。
AB型 どの体制も適応可能	AB型のカリスマ性と楽天性は素晴らしいが、O型とB型の性格を理解し、攻撃を避けるべきである。 AB型にはA型と違って組織や社会を変えようとする力がある。 ＊イエス・キリスト（民族宗教から世界宗教） ＊エブラハム・リンカーン（黒人の解放） ＊バラク・オバマ（初の黒人大統領）

VI

哲学者・思想家などの知識人がわからないことが、
何故わたしにわかったのか

知の巨人といわれる人たちに、「ごく狭い範囲の専門家でしかない。人間どころか自分自身さえわかっていない」というなど、お前は一体何様だと不快に思う読者もおられると思います。
――人間、あるいは哲学者の性格などが「血液型と性格」なんかでわかるか、と思う人がいるでしょうね。
　はじめからわかったのではなく、70年安保の紛争で大学が閉鎖されて実験ができなくなり、マルクスの革命思想を勉強しているうちに、とても論理的に理想社会が描かれているため心酔してしまったんです。
――社会主義は生まれによる差別や貧富の差のない平等な社会が目標ですものね。
　わたしの田舎では、戦前と戦後しばらく、地主と小作人の間で一触即発の見えない葛藤があったようなんです。それが、マッカーサーによる農地解放によって重苦しかった農村が明るくなり、誰でも高校に行けるようになった、という大人たちの話を聞いて育っていたんです。あれが社会主義革命の一つだったんだ、労働界でも、資本家と労働者が解雇やストラキでいがみあったりしない社会が実現できるんだ、と思えたんです。
　大学の封鎖は1年で解かれて学生側の敗北に終わったのですが、労働者の多くはこの素晴らしい社会主義というシステムを知らない、小説にして訴えよう、と民主文学運動に参加して勉強をはじめたんです。
――理系だった人がマルクスの思想、さらに小説を学んだため知識が広くなったのですね。
　そこまでなら珍しくないと思いますが、東欧とソ連が崩壊し、マスクスの思想のどこが間違っていたか知りたくなり、ヘーゲル、カントから哲学全体、また、小説の勉強からシェークスピアを、さらにギリシャ神話や悲劇、古代ローマ史、勿

VI 哲学者・思想家などの知識人がわからないことが、何故わたしにわかったのか

論日本や世界の小説についても学んでいます。確か1990年頃だったと思いますが、NHKで「アインシュタインロマン」という放映があり、そのディレクターが、あの制作でアインシュタインの相対論がわかったと書いていました。徴収料に支えられた日本を代表する知的な人たちなんだから、その程度のことは知っていてくださいよ、と思ったのですが、友達からの初歩的な質問、特殊相対論と一般性相対論の違いの質問に戸惑ってしまい、自分の方こそ不勉強で耳学問でしかなかったと思い、書籍を中心に、多くは翻訳ですが、できれば原書を読もうと思いました。

――「血液型と性格」についても多くの書籍を読まれたんですね。

『Nature』の論文、古川竹二の『血液型と気質』をはじめ、能見俊賢さんの英文の書籍など、手に入るものは掻き集めました。

――社会学の祖で哲学者のオーギュスト・コントが、哲学から天文学、数学、物理学、化学、生物学などの実証諸科学がうまれ、哲学は社会学に吸収されるといっていますが、哲学から生まれた諸科学を学び直したということですね。

文学、心理学、文化人類学、動物行動学、哲学など、大学の一般教養学程度ですが、40年かかっています。

――そして、新しい人間観、「血液型人生学」、「血液型社会学」に行きついたんですね。

もう一つ、わたしの専門は人間の性格より複雑な地層を解析する地質学なので、皆さんにはただの火山灰や岩盤にしか見えない中から、活断層や地層の奥深くの温泉、鉱床、石油をみつける観察力を身につけました。また学生のときは、今当然のように信じられているプレートテクトニクス理論についての賛否が分かれている頃で、その論争が「血液型と性格」に良く似ているようで興味がつきなかったこともあります。でも、やは

り、オーギュスト・コントのいう哲学からうまれた諸科学を学んだことが大きかったと思います。

VII

AI（人工知能）に、
「血液型と性格」をふくめて
広い知識を学習させたならば……

最近AI（人工知能）は、将棋で名人に勝ったり、囲碁でも世界最強の韓国のイ・セドル氏に勝ったため話題になりましたよね。
——これからは**自動車をはじめ家電**など、人工知能の時代になるといいますね。
　NHKのテレビで、「働き方改革」について社会問題解決型のAIに質問すると、「お金にゆとりがなくても、蛇口を小まめに閉めなければ仕事に満足できる」と答えたことに対する参加者の議論のなかで、NHKの敏腕記者の大越健介氏が、わたしがそうであり、巨人の名誉監督の長嶋茂雄さんもそうだ（球場に息子を忘れて帰った）、といっていました。二人はB型であり、これがB型の人の満足の仕方なんです。
——わたしも見ていましたが、**蛇口を閉めない**というのは細かいことに**気を遣わない**ということでしょうから、**B型**なんでしょうね。
　バイキング料理で、B型の幼稚園児は誰もがスープをとるらしいですから、B型騎馬民は水への執着があるかもしれませんね。司会者のマツコ・デラックスさんは蛇口をきちっと閉めるといっていましたから、水の管理を大切にし、洪水の恐ろしさを知っているA型農耕民だと思います。また、仕事の効率をあげたいなら「11時間54分以上働け」というのも、日の出から日暮れまで働くA型農民のやり方でしょう。O型狩猟系やB型騎馬系は、集中と閃(ひらめ)きで仕事をしますよ。
　「ストレスだらけの人は結婚・出産祝いを贈れ！」というのも、A型の人のもつ不安からくるんです。わたしも人に物を贈るほうですが、「わたしは敵ではないですよ、攻撃しないでください」というメーセージなんです。また、贈り物はA型の人からもらう場合がほとんどで、O型やB型からもらったという記憶などないですね。

Ⅶ AI(人工知能)に、「血液型と性格」をふくめて 広い知識を学習させたならば……

——社会問題解決型のAIは、人の性格の違いについての分類などせずに、ごちゃまぜにして結論をだしたんですね。

 AIに哲学、天文学、数学、心理学、動物行動学、脳科学、歴史など、さらには「血液型と性格」を学習させて質問すれば、わたしと同じか、もっとすぐれた解答が得られると思いますし、勿論、「血液型と性格」がなくても、また、大学の一般教養程度でなく、大学院、研究者の最先端の諸分野を学ばせれば、人間とは何か、われわれはどうすべきかなどについて、もっとわかりやすく説明してくれると思いますよ。

VIII

血液型社会学からの7つの質問

NHKの「社会問題解決型AI　ひろし」に対抗しようとするわけではないですが、わたしが最も重要だと思う7つの問いを提示したいと思います。

1　カール・マルクスはB型であり、マルクスの社会主義は、B型の中国、北朝鮮などに最適な政治システムであった。
　　　□信じます　　　　□信じません

わたしが1989年の東欧の崩壊、1991年のソ連邦の解体の原因を調べて最初に気づいたのが、マルクスはB型の考え方を述べていたんだということでした。ソ連邦の急激な解体は、O型で民主主義、資本主義を求める遺伝子をもつミハイル・ゴルバチョフが大統領になったからです。ロシアはO型の国ですからいずれ解体したでしょうが、B型、AB型の指導者であればもっとゆっくりだったと思います。

――今までの話から何となくわかりますが、B型の国のモンゴル、インド、アラブ諸国の多くが民主主義ですよね。

確かに、モンゴルはロシアの影響で大統領制、議会制になりました。インドは民主主義ですが、カースト制という固定したシステムがあり、アラブでもコーランというしばりがあるから安定しているのです。民主主義の自由はすべての人を幸せにすると思いがちですが、B型の国では強い統治力がないと安定しないんです。

――B型の国での民主主義は政権を不安定化して国民を不幸にするというのですね。

A型・子育て・農耕系にとっても安定はとても大切なんです。紛争などによる不安化は、投機をするO型の人や、権力をとりたいB型の人にとってはチャンスかもしれませんが、A型にとっては、貧富の差がうまれ、不満な人たちによる犯罪に

巻き込まれるという不安に悩むのです。

> **2 民主主義、資本主義は、O型の欧米の人たちが求めるシステムである。**
> 　　　□信じます　　　　□信じません

　民主主義は古代ギリシャ、O型の都市国家アテナイからうまれ、またアメリカの独立戦争後の政治体制に採用され、欧米を中心に支持者の多いシステムです。

　アテナイの指導者ペリクレスはスパルタとの戦い、ペロポネス戦争の初年度の戦没者追悼の儀式での演説で、法の前での公平、自由、平等があり、能力によって重要な地位につくことができる、などと語って民主主義を絶賛しました。その一方、他のポリスにたいしては帝国主義的支配をしていたことを忘れてはなりません。

――今のアメリカのように、一方では自由、もう一方では侵略ですか。でもリンカーン元大統領の、南北戦争中のゲティスバーグの国立戦没者墓地での「人民の、人民による、人民のための統治」は素晴らしいではないですか。

　B型の国の若者たちは、アメリカのリンカーン大統領のいう民主主義にすれば自由で文化的な生活ができるという希望を抱いてしまうんです。それが1989年の天安門事件であり、2010年からはじまった「アラブの春」なんです。前述しましたが、B型のニーチェは「希望は人間の苦痛を引き伸ばす」といっています。

――アラブの春の後遺症は8年後の今もシリアで続き、「苦痛を引き伸ばしている」ということですね。

「アラブの春」という幻想と銃器を与えた欧米は反省すべきですよ。

> 3　アフガニスタン、イラク、シリアの内戦などの紛争のほとんどがO型欧米の理解できない相手を攻撃する性格から生まれた悲劇である。
> 　　　　　□信じます　　　　□信じません

　A型の人は子育て遺伝子ですから相手に合わせようとしますが、O型の人は、理解できないと攻撃してしまうからトラブルが起きるのです。わたしがいた同人誌では、O型の人がB型を理解できなくて厳しい批評をしていました。わたしの小説の先生はO型で、B型の丹羽文雄、高橋和己が理解できなかったのです。O型の心理学者ユングは、B型のフロイトにとって大切な会長職を譲るという好意が理解できなくて決別、また、O型のソ連元首相フルシチョフは、B型の毛沢東元主席が第二次大戦で後退し、補給を絶って勝利したということが理解できないと回顧録に書いていました。

——理解できないのはよいにしても、攻撃するのはよくないですね。

　8回にもわたる十字軍の遠征は、O型欧米人の、理解できない相手を攻撃するというキリスト教精神の現れですよ。

——アフガニスタン、イラク、シリアの内戦なども欧米が起こしたんですものね。

　強い力をもっていたソ連邦の崩壊後の空白に、武器の供給だけでなく、自由というO型の価値観をB型の人たちに押し付けたんですよ。

> 4　金正恩の核開発は正しい。北朝鮮は核を手放すべきでない。
> 　　　　　□信じます　　　　□信じません

　世界の指導者をみたとき、トランプ大統領はA型ですが、

北朝鮮の指導者、金日成、金正日、金正恩がＡ型だというのが不思議なんです。ロシアが扱いやすいＡ型の金日成を選ぶ可能性はあるものの、権力を勝ち取り三代も続くんですからね。
——アメリカにならず者といわれたフセインもビンラディンもカダフィーも、すべて悲惨な最後でしたが、金正恩だけが生きているとよくいわれますね。
　わたしはカダフィーと金正日は同い年のため注目し、カダフィーが核開発をしていることから爆撃され、夫人の一人を失い、開発を中止したことで欧米との関係が良好になりほっとしました。しかし、「アラブの春」でカダフィーが殺害されると、わたしは間違っていた、金正日は正しかったと思いました。もし、パキスタンが核保有国でなければ、アメリカは、アルカイダの温床でありビンラディンや幹部のいるパキスタンをインドと謀って攻撃し、シリアのようになったにちがいない。核を密かに開発したカーン博士はすごいと思いました。
——金正恩が生きていられるのは核を持っているからですね。
　中国の影響もあるでしょうが、もし核がなければ、北朝鮮の若者に「アラブの春」のような夢を与えさえすれば崩壊しますし、あるいは、カダフィーのリビアのように分裂するか、シリアのようにアメリカとロシアとの内戦の場になると思います。
——社会主義国の核の管理は大丈夫ですか。日本が狙われないか心配ですけど。
　社会主義の管理は民主国よりすべてにおいて厳しいですよ。
——Ｏ型はやはり管理より自由がいいでしょうからね。

5　Ｂ型の韓国は民主主義より、北朝鮮のような社会主義がよい。

　　　　□信じます　　　　□信じません

韓国は日本よりB型が5パーセントしか多くないのですが、やはりB型騎馬系の誇り高く、おしゃれで、集中力の勝負である囲碁で日本に勝っているのです。また、韓国はフィリピンのような戦場になっていないのに、ルサンチマン（恨み）をためて慰安婦の像を日本の大使館前やアメリカの公園に設置したりするのです。
——社会主義にするとルサンチマンがなくなりますか。

強い力で統治しますからなくなります。民主主義だから、韓国大統領は任期を終えるとルサンチマンによって弾劾訴追され、自殺したり、また親族が有罪になったりするのです。
——悪い政治をした人が裁かれるのはよいことじゃないですか。

低い次元で相手を貶めて満足すのではなく、B型の人がもつ高いエネルギーを個人や社会を発展させ高めるために燃焼すべきです。
——独裁であれば、マスコミが委縮して批判しなくなるんじゃないですか。

B型の国での悪政の場合は、革命によって権力の交替が起きるんです。中国の習近平主席が権力を強める「核心」になったことで安定化が強まり、中国国民は落ち着て仕事や勉強ができるから幸せですよ。
——朝鮮半島の統一は半島の社会主義化ですか。カジノや風俗産業、資本家たちは猛反対するでしょうね。

国民が決めることですが、超大国が干渉しますからどうなりますかね。

> 6　A型が基礎をつくり、O型が発展させ、B型によってバブルになる。日本の経済バブルが1993年にはじけ、失われた20年に入るとA型の小泉首相の構造改革、O型の鳩山、菅、野田の首相たちが経済回復を模索し、B型の安倍首相が軌道に乗せたようにみえますが、大胆な金融政策で後押する黒田東彦日銀総裁がもしB型であれば、バブルになっていると思います。
> 　　　　　□信じます　　　　□信じません

　哲学者A型のカントが農村の共同体、O型のヘーゲルが発展させて市民社会と資本主義、そして、B型のマルクスの革命による社会主義国家が世界の3分の1と席巻したものの、バブルがはじけて、中国と北朝鮮に落ち着いたと考えます。

　また日本をみると、明治維新の指導者はA型の木戸孝允等が基礎を作り、O型の指導者が日清・日露で勝利し、太平洋戦争はB型の指導者によるバブルだったといえるのです。55年体制でもA型の鳩山一郎が基礎を作り、O型の池田勇人が経済を発展させ、B型の田中角栄がバブルを起こしたのです。

——どうしてB型の指導者だとバブルになるのですか。

　B型はエネルギーレベルが高くて行動的だから、国民は惹きつけられるんです。でも、B型の人が自分で書いているんですけど、詰めが甘いんです。O型の指導者が日露戦争の終戦について考えていたのに対し、太平洋戦争のときはそれ行けドンドンだったですね。リーマンショックのときのバブルも同じメカニズムですよ。

——安倍首相もB型、総裁選で敗れた石破茂さんもB型、日銀総裁の黒田東彦さんもB型にみえますね。今、バブルがはじけたらどうなりますか。

　日本の金持ちの企業家たちは払うべき賃金を押さえて膨大な内部留保をすでに持っているから問題ないんですけど、日本の

労働者は、物価の安い中国や韓国の労働者との競争で低い賃金の非正規にさせられて、蓄えなどあるはずがないから悲劇ですよ。考えたくないですね。

> 7 サルたちとヒトの社会の比較は、血液型によってすべきである。類人猿やサルは社会を持つのでヒトの社会と比較できます。B型のゴリラはB型のアラブ、O型とA型のチンパンジーはO型とA型の欧米、O型のみのゲラダヒヒはO型のみの南米、A型のパタスザルはA型の日本と比較研究をすべきです。
> 　　　　　□信じます　　　　□信じません

　わたしは、大学院生のときの指導教官が、京都大学の探検部で一緒だった今西錦司氏たち霊長類研究者の話をよくされていたので興味をもち、書籍を読むようになりました。今西氏はAB型であり、ダーウィンの進化論と違う独自の「棲み分け理論」を提唱するとイギリスの進化論学者は否定し、日本の和の精神からうまれているといっていましたが、日本人の和というより、AB型の性格からであり、日本人でもB型やO型の人は言わなかったと思います。また、アフリカでのチンパンジーやゴリラの研究でイギリスに先を越されていらだっている文章を読んで、AB型だからオリジナリティにこだわるんだと思いました。

　今西氏はヒトと類人猿の家族の比較をしたかったようですが、京都大学で、チンパンジーとゴリラの研究がすすんだものの関連がみつからなくて興味をなくされたようです。

　今はさらに研究がすすんでいるものの、やはりヒトと類人猿を比較をされています。血液型によってB型のゴリラとB型のアラブを対比すれば、どちらもハーレムと同性愛で一致しますし、すでに述べたように、チンパンジーの攻撃性は欧米人その

ものです。

　ニホンザルは食べ物を分け合うことはないが、チンパンジーはヒトと同じように分け合う分配行動をすると聞き、それは人間に最も近いからだと思っていました。しかし、Ｂ型のモンゴルの英雄、ジンギスカンは子供の時、異母兄に自分が捕った肉や魚を奪われるため弓で射殺しているのです。チンパンジーの分配行動は協力して捕った獲物を分配しあう欧米人の行動であり、Ｂ型のニホンザルの分配しない行動は、Ｂ型のモンゴルの人たちの行動だったのです。

――Ａ型のパタスザルとＡ型の日本人とどこが一緒ですか。

　パタスザルは逃げることに特化していますから、日本人の諺の、「逃げるが勝ち」ということでしょうか。Ｂ型中国にもＯ型欧米にもない発想です。哲学者サルトルは不安を抱える実存主義者ですからＡ型だと思うものの、女性関係も金使いも派手で、実存はヒューマニズムなどとＯ型欧米の人間至上主義のようなことをいうので迷いますが、有名な小説『嘔吐』に逃げるが勝ちの思想があるので、Ａ型にまちがいないといえます。

――それ以外にありますか。

　日本人は不安を解消するために寄らば大樹の陰といいますが、パタスザルが草原の肉食獣を避けるために大樹の上で出産することでしょうか。

――どちらも気が小さいところが似ているんですね。

おわりに

　日本に「血液型と性格」が紹介されてから100年たち、発展に貢献した人々や業績についてのべました。また血液型と性格がヒトと類人猿やサルたちと共通することから、ダーウィンのいう進化の過程で環境に適応し遺伝子に蓄積されたという考えは正しく、科学であって生きるための指針としての血液型人生学になり、さらに、哲学者・思想家が「血液型と性格」の表現者であったことから、今までの哲学の業績を見直すことによって血液型社会学になるとこについて述べました。理解をより深めていただくために先ず、

1　自分の周りの人たちの血液型を知り観察することです

　古川竹二教授は高等女子師範の教官であり、お医者さん一家のため、自分で血液型の検査をしながら女子学生を観察し続けたから名著『血液型と気質』が書けたと思います。また、浅田一教授は長崎医大の法医学研究室のなかの研究員の血液型を知ったことから興味をもち生涯にわたって講演などで普及に努めています。能見正比古氏の場合も戦争中のためでしょう、寮生の名簿に血液型が書いてあったことがきっかけになり、多くのタレントや政治家の血液型を調べて書籍にし、「血液型人間学」を提唱しました。保育園では園児の名簿に血液型が書かれているため、血液型と性格に興味をもつようになった保育士がいますし、能見正比古氏の息子俊賢氏は園児の血液型と食事の仕方を観察したのでしょう。バイキングでは、A型とO型は自分の好きなものをとり、B型は誰も汁をとり、AB型はバランスよくとると書いています。

　わたしの場合も同窓生の血液型を知ることで、「血液型と性

格」についての思いを強くしました。
——周りの人たちの血液型を知って、観察していればわかるようになるんですね。

血液型から性格を知ることは難しくありませんし、すぐに血液型人生学・社会学の素晴らしさ気づきます。

> 2　馴染みのない哲学者・思想家などはインターネットで調べて下さい

馴染みがなかったり初めての哲学者や思想家の細かいことは専門書や伝記でしかわかりませんが、インターネットでもかなりのことがわかると思います。読者と同じ血液型の哲学者・思想家を調べれば、わたしがハイデガーに感じたように、自分の性格や気持ちの代弁者だと思われるにちがいありません。
——わたしはO型ですのでヘーゲル、社会契約説のルソー、ロック、ホッブズを勉強してみます。

ご自身の考えと同じことに気づき、他の血液型との違いがわかっていただくことが、わたしの願いであり喜びです。

> 3　各血液型に最も訴えたい「血液型人生学・社会学」の一言

表13（43頁）にまとめていますが、最後に再度述べさせてください。

A型の人に：

A型は子育て遺伝子のため、ストレスを内部に溜め込んで自殺し、また戦う遺伝子がなくて、O型、B型からは弱いとみられストレス解消のためのターゲットにされます。A型の哲学者ハイデガーがいう人間（A型）を支配するのは不安であり、それは死と他者によると書かれています。他者（O型、B型）か

ら攻撃されないように一人になったりしますが、草原の一匹オオカミがいても一匹ガゼルや一匹インパラなどいません。一匹で気を遣うことなく草を食んでいるうちに犠牲になったからです。A型農耕系は草食人ですので、インパラやガゼルが群れで暮らすように、A型の人たちのグループのなかに入るようにすべきです。

O型の人に：

世界的に最も多いのがO型です。民主主義、資本主義などの思想や、自由、希望などの価値観をもって今のグローバル化を推進する幸せな人たちです。しかし、O型は攻撃的で、自分と価値観が違い理解できないとき、特にB型の人たちに必要のない「自由と希望など」を押し付けて攻撃する性質があるので気をつけて欲しいです。

B型の人に：

B型の人たちはA型とは真逆の性格で、高いエネルギーをもった上昇志向の強い人たちなので、哲学者ニーチェや心理学者フロイト、生の哲学者ショーペンハウアー、ベルクソンたちから学ぶべきです。また、B型はアラブ、インド、中国、北朝鮮、韓国、モンゴルなどの人たちでもあるので、O型の自由や民主主義の押し売りをこばみ、プラトンやニーチェのいう力の政治をすべきです。

AB型の人に：

AB型の人たちは最も離れた遠い性格、A型の防御、B型の攻撃の両遺伝子をもつため戦い上手でカリスマ性があり、合理的でバランス感覚がよく最も都会に適した性格だといえます。ただ、O型の人と自由や民主主義の価値を共有するものの相性が悪く、また楽天的なため極端な思想、極右や極左によって攻撃、あるいは暗殺されたりすることがあります。

主な参考書籍

『ダーウィンの進化論から解読する血液型人生学新書』福間 進、鳥影社、2017

『血液型と気質』古川竹二、三省堂、1932

『人生を考えるヒント——ニーチェの言葉から』木原武一、新潮選書、2003

『ニーチェと女性たち——鞭を越えて』キャロル・ディース、眞田収一郎訳、風濤社、2015

『新装版 キェルケゴールとニーチェ』カール・レヴィェト、中川秀恭、未来社、2002

『イラストでわかるやさしい哲学』坂井昭宏・宇都宮輝夫、成美堂、2008

『ニーチェからスターリンへ』トロツキー、森田成也・志田 昇訳、光文社、2010

『レーニン』トロツキー、森田成也訳、光文社、2007

『血液型 検定ドリル』能見俊賢、青春出版社、2006

『血液型相性おもしろ裏読み事典』能見俊賢、青春出版社、1999

『血液型人生論——相手がわかってラクラク生きられる』能見正比古、青春出版社、1985

知の攻略思想読本3『ハイデガー』木田 元編、作品社、2001

『アーレントとハイデガー』エルジビュータ・エティンガー、大島かおり訳、みすず書房、1996

『朴槿恵の真実 哀しき反日プリンセス』呉 善花、文春新書、2015

『ニホンザルの生態』河合雅雄、河出書房新社、1981

世界の名著46『ニーチェ』手塚富雄訳、中央公論社、1966

世界の名著40『キルケゴール』枡田啓三郎訳、中央公論社、1966

世界の名著15『コーラン』藤本勝次訳、中央公論社、1970

『ドナルド自伝』D・J・トランプ他、枝松真一訳、早川書房、1988

「ドナルド・トランプの世界」『Newsweek 日本語版』2017年11月22日

『血液型と性格の社会史』松田 薫、河出書房新社、1991

主な参考書籍

『血液型人間学——運命との対話』前川輝光、松籟社、1998
『サル学なんでも小事典』京都大学霊長類研究所編、講談社、1992
『現代のエスプリ　血液型と性格』No. 324（1994.7）、至文堂
『ダダモ博士の血液型健康ダイエット』ピーター・J・ダダモ、濱田陽子訳、集英社文庫、1998
『オバマ大統領——ブラック・ケネディになれるか』村田晃嗣＋渡辺 靖、文春新書、2009
『ビル・クリントンのすべて』持田直武、日本放送出版協会、1992
世界の名著 続10『ショーペンハウアー』西尾幹二訳、中央公論社、1975
『ケネディと日本——日米協調のターニングポイント』土田 宏、NHK出版、2017
『リンカーン——アメリカ民主政治の神話』本間長世、中央公論社、1968
『プレジデンシャル・セックス——ジョージ・ワシントンからビル・クリントンまで』ウェスリー・O・ハグッド、野津智子訳、KKベストセラーズ、1998
『図解雑学　構造主義』小野功生、ナツメ社、2004
『哲学入門』柏原啓一、放送大学教育振興会、2004
『統計でわかる血液型人間学入門』金澤正由樹、幻冬舎ルネッサンス、2014
NHKスペシャル「AIに聞いてみた　どうすんのよ!?　ニッポン」第2回「働き方」2018年3月3日
『カント入門』石川文康、筑摩書房、1995
『サル学の現在』立花 隆、平凡社、1991

〈著者紹介〉

福間　進(ふくま　すすむ)

1942年、島根県に生まれる。
大阪市立大学理学部大学院地学科修士卒。
建設コンサルタント会社に就職。
主にインドネシア、韓国、フィリピンでのダムの地質調査、施工監理。
学生のときに民主文学運動に参加。
また中央文学会、習作の会、河の会の同人になる。

著書：『闘鶏』（日本中央文学会）
　　　『普通の人』（近代文藝社）
　　　『島根半島が動く』（鳥影社）
　　　『「ダーウィンの進化論」から解読する　血液型人生学新書』（鳥影社）

「血液型と性格」の基礎理論	2019年 6月21日初版第1刷印刷 2019年 6月27日初版第1刷発行 著　者　福間　進 発行者　百瀬精一 発行所　鳥影社 (www.choeisha.com)
定価(本体500円+税)	〒160-0023　東京都新宿区西新宿3-5-12トーカン新宿7F 電話　03(5948)6470, FAX 03(5948)6471 〒392-0012　長野県諏訪市四賀229-1(本社・編集室) 電話　0266(53)2903, FAX 0266(58)6771 印刷・製本　日本ハイコム株式会社 © FUKUMA Susumu 2019 printed in Japan
乱丁・落丁はお取り替えします。	ISBN978-4-86265-743-5　C0095